أَصْعَب حُلْم

تأليف: د. محمد الدرويش

رسوم: براء العاوور

اليَوْم، يُمارِسُ الأصْدِقاءُ لُعْبَةً جَديدَةً أطْلَقوا عَلَيْها اسْمَ «أصْعَبُ حُلْمٍ!».

نَعَم، عَلى كُلِّ واحِدٍ مِنْهُم أنْ يَصِفَ شَيْئًا يَتَمَنّاهُ، ولَكِنَّهُ صَعْبُ الحُدوث!

«إنَّها لُعْبَةٌ مُعَقَّدَةٌ وسَهْلَةٌ في الوَقْتِ نَفْسِه! ألَيْسَ كَذَلِك؟»، هَذا رَأْيُ «ماهِر».

أمّا «رِهام» فَلَها رَأْيٌ آخَر: «إنَّها لُعْبَةٌ سَهْلَةٌ جِدًّا!».
«لَمى» تَرى أنَّها لُعْبَةٌ تَحْتاجُ إلى التَّفْكيرِ جَيِّدًا.

«أمَل» تَقول: «أنا أهْوى مادَّةَ العُلوم، ويُمْكِنُني أنْ أجِدَ فيها أحْداثًا كَثيرَةً مِنَ الصَّعْبِ تَحْقيقُها».

تَجْمَعُ الأصْدِقاءَ الأرْبَعَةَ هِوايَةٌ واحِدَةٌ؛ الرَّسْمُ. لَقَدِ اخْتَرَعوا هَذِهِ اللُّعْبَةَ كَيْ يَرْسِموها عَلى الوَرَق. يُريدونَ أنْ يَعْرِضوا اللَّوْحاتِ المَرْسومَة، في المَعْرِضِ المَدْرَسِيّ.

«ماهِر»: «هَلْ أَنْتُم جاهِزون؟
سَأَصِفُ الآنَ شَيئًا عَجيبًا
وعَلَيْكُم أَنْ تَرْسموه. هَيّا!».

وهَكَذا، أمْسَكَ الأَصْدِقاءُ أقْلامَ الرَّصاصِ
بِانْتِظارِ حُلْمِ «ماهِر» الصَّعْب!

«ماهِر»: «**أَتَخَيَّلُ** أَنِّي أَمْتَطي حِصانًا أَبْيَضَ اللَّوْن. يَرْكُضُ الحِصانُ عَلى سَطْحِ البَحْرِ ويَقْفِزُ فَوْقَ السُّفُنِ الكَبيرَة!».
نالَ **حُلْمُ** «ماهِر» إعْجابَ الجَميعِ، وبَدَؤُوا بِرَسْمِه.

حانَ دَوْرُ «رِهام»: «أَحْلُمُ أنْ أتَزَلَّجَ عَلى رِمالِ الصَّحْراء.
يَجُرُّ لَوْحَ التَّزَلُّجِ جَمَلٌ سَريعٌ!».

اِبْتَسَمَ «ماهِر»، وقال:
«رائِعٌ يا رِهام. حُلْمٌ فَريدٌ مِنْ نَوْعِه!».

تَحْلُمُ «لَمى» أنْ تَطيرَ عَلى مَتْنِ مَرْكَبَةٍ عَجيبَةٍ فَوْقَ الغُيوم.
مَرْكَبَةٌ تَطيرُ فَوْقَ الطّائِرات!
نالَ هَذا الحُلْمُ الغَريبُ إعْجابَ الأَصْدِقاء،
وقالَتْ «رِهام»: «أرْجو أنْ نَسْتَطيعَ
السَّفَرَ مَعَكِ عَلى مَتْنِ
المَرْكَبَةِ العَجيبَة».

أمّا «أمَل»، فَتَحْلُمُ أنْ تَغوصَ في باطِنِ الأَرْضِ لِتَكْتَشِفَ الصُّخورَ والبَراكينَ والمِياهَ الجَوْفِيَّة!

في النِّهايَة، حَصَلَ كُلُّ حُلْمٍ عَلى ثَلاثِ لَوْحاتٍ جَميلَةٍ. انْتَقى الأَصْدِقاءُ أجْمَلَ أرْبَعِ لَوْحاتٍ مِنْ أجْلِ تَقْديمِها في المَعْرِض.

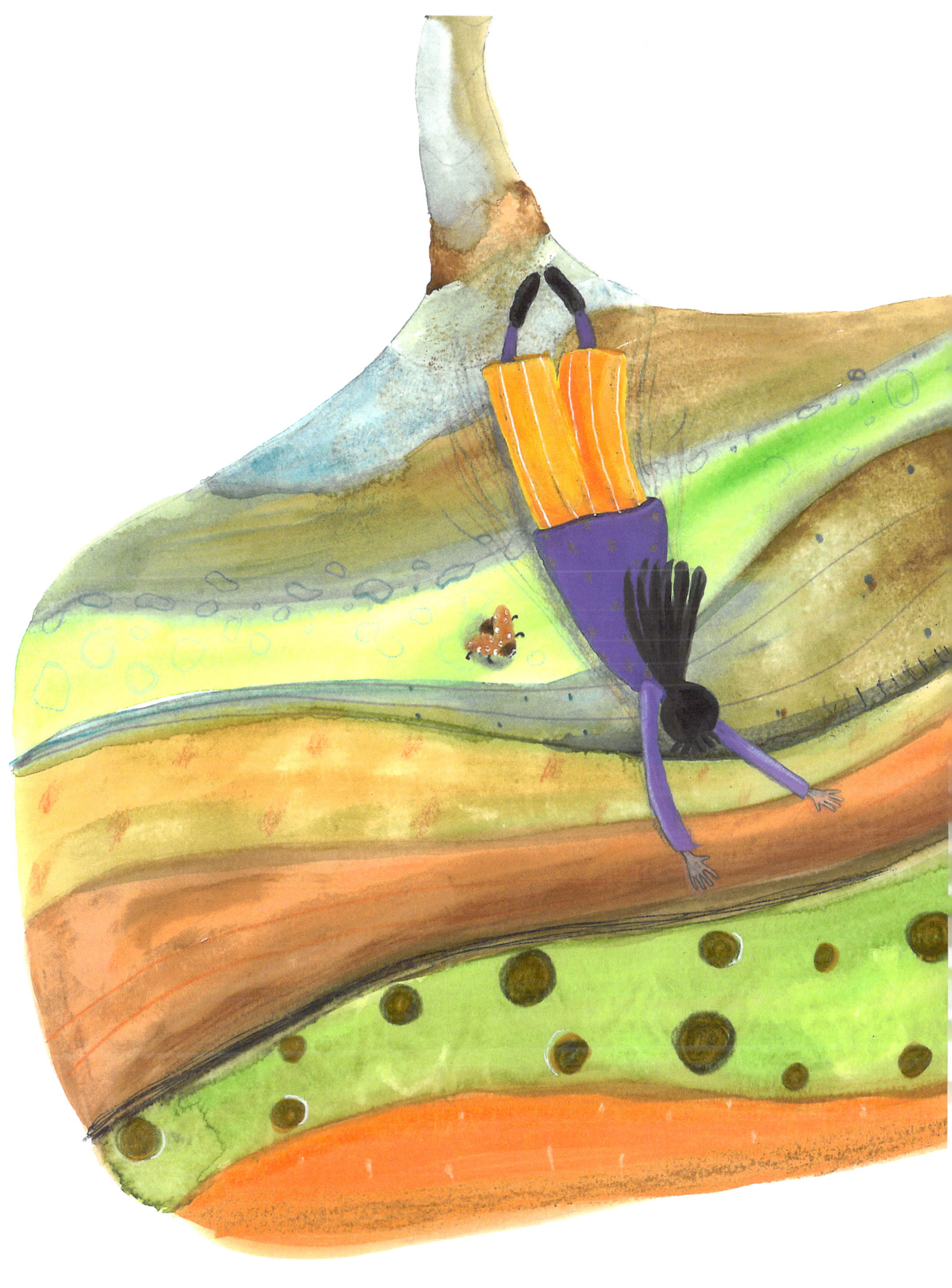

في المَعْرِضِ، نالَتِ اللَّوْحاتُ اسْتِحْسانَ التَّلاميذِ والمُدَرِّسينَ.

في نِهايَةِ المَعْرِضِ، تَجَمَّعَ الأَصْدِقاءُ الأَرْبَعَةُ حَوْلَ الأُسْتاذِ «فاطِر»، إِنَّهُ مُدَرِّسُ مادَّةِ الرَّسْمِ.

أَبْدى الأُسْتاذُ «فاطِر» إِعْجابَهُ بِاللَّوْحاتِ، وقال: «إِنَّها أَفْكارٌ **رائِعَةٌ**!

كَيْفَ حَصَلْتُم عَلَيْها؟».

شَرَحَ الأصْدِقاءُ اللُّعْبَةَ الطَّريفَةَ الَّتي اتَّفَقوا عَلى مُمارَسَتِها.

فَكَّرَ الأُسْتاذُ «فاطِر» قَليلًا، ثُمَّ قال: «إِنَّهُ حِصانٌ رائِعٌ. مَنْ مِنْكُم يَهْوى رُكوبَ الخَيْل؟».

رَفَعَ «ماهِر» يَدَه، وقال: «أنا أَهْوى رُكوبَ الخَيْلِ **ولَكِن**...».

الأُسْتاذُ «فاطِر»: «هَلْ تُريدُ أَنْ تَقولَ شَيْئًا يا ماهِر؟».

ـ نَعَم يا أُسْتاذ. أنا أَهْوى رُكوبَ الخَيْلِ **لَكِنَّني** لَمْ أُمارِسْ هَذِهِ الرِّياضَةَ مُنْذُ وَقْتٍ طَويلٍ.

ـ لِماذا؟

ـ عِنْدَما بَدَأْتُ مُمارَسَتَها، وَقَعْتُ عَلى الأَرْضِ ولَمْ أَجْرُؤْ عَلى رُكوبِ الحِصانِ مَرَّةً أُخْرى.

ـ إِنَّهُ **الخَوْفُ** مِنَ السُّقوطِ مَرَّةً أُخْرى. أَلَيْسَ كَذَلِك؟

ـ نَعَم، هَذا ما أَشْعُرُ بِه.

ـ عَلَيْكَ أَنْ تُجَرِّبَ يا «ماهِر» مَرَّةً أُخْرى. **لا تَخَفْ**، سَأُرافِقُكَ إلى مَيْدانِ الفُروسِيَّةِ وسَأَرْكَبُ مَعَكَ عَلى أَجْمَلِ حِصانٍ هُناك. اتَّفَقْنا؟

ـ بِكُلِّ سُرورٍ يا أُسْتاذ.

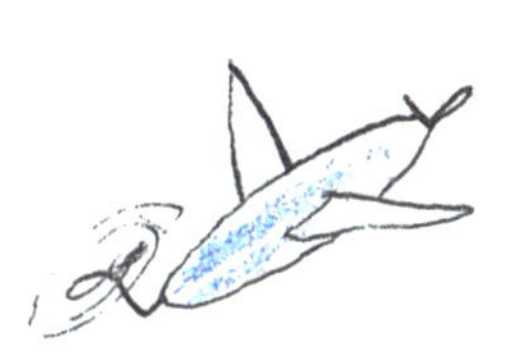

تَأَمَّلَ الأُسْتاذُ «فاطِر» لَوْحَةً أُخْرى، وقال: «إِنَّهُ جَمَلٌ سَريعٌ جِدًّا، يُثيرُ الكَثيرَ مِنَ الغُبارِ!».

ضَحِكَتْ «رِهام»، وقالَت: «سَأَرْتَدي قِناعًا يَمْنَعُ الغُبارَ يا أُسْتاذ».

ـ ما رَأْيُكُم أَنْ أَقْتَرِحَ عَلى المَدْرَسَةِ رِحْلَةً اسْتِكْشافِيَّةً إلى واحَةِ النَّخيلِ؟

«رِهام»: «**رائِعٌ!** هَذا ما أَتَمَنَّاهُ مُنْذُ وَقْتٍ طَويلٍ».

قالَ الأُسْتاذُ «فاطِر»: «بِالنِّسْبَةِ إلى هَذِهِ المَرْكَبَةِ العَجيبَةِ، فَأَعْتَقِدُ أَنَّهُ مِنَ الصَّعْبِ إيجادُ مَثيلٍ لَها حالِيًّا. **إِلّا** إذا ذَهَبْنا إلى مَقَرِّ الأَبْحاثِ الفَضائِيَّةِ».

«لَمى»: «سَأَكونُ أَوَّلَ المُشارِكينَ. إِنَّهُ حُلْمٌ راوَدَني كَثيرًا».

قالَتْ «أمَل»: «هَلْ يُمْكِنُنا الذَّهابُ إلى مَرْكَزِ الأبْحاثِ الجِيولوجِيَّةِ يا أُسْتاذ؟».

ـ نَعَم، لَكِنْ عَلَيْكِ أنْ تَرتَدي بَدْلَةَ غَوْصٍ سَميكَةً يا «أمَل»!

في نِهايَةِ المَعْرِض، أَعْلَنَ الأُسْتاذُ «فاطِر» مُفاجَأَةً سارَّةً: «سَأَعْرِضُ لَوْحاتِكُم الرّائِعَةَ في المَعْرِضِ المَرْكَزِيّ... هَلْ أَنْتُم مُوافِقون؟».

قالَ الأَصْدِقاءُ بِصَوْتٍ واحِدٍ: «نَعَم، نَعَم، مُوافِقون».

AF406409